BEI GRIN MACHT SICH IHR
WISSEN BEZAHLT

- Wir veröffentlichen Ihre Hausarbeit,
  Bachelor- und Masterarbeit

- Ihr eigenes eBook und Buch -
  weltweit in allen wichtigen Shops

- Verdienen Sie an jedem Verkauf

Jetzt bei www.GRIN.com hochladen und kostenlos publizieren

Bibliografische Information der Deutschen Nationalbibliothek:

Die Deutsche Bibliothek verzeichnet diese Publikation in der Deutschen National-bibliografie; detaillierte bibliografische Daten sind im Internet über http://dnb.d-nb.de/ abrufbar.

Impressum:

Copyright © 2016 GRIN Verlag, Open Publishing GmbH
Druck und Bindung: Books on Demand GmbH, Norderstedt Germany
ISBN: 9783668577435

Dieses Buch bei GRIN:

http://www.grin.com/de/e-book/378613/der-schoepfer-des-ersten-computers-das-leben-von-konrad-zuse-und-die-auswirkungen

Ercüment Gök

Der Schöpfer des ersten Computers. Das Leben von Konrad Zuse und die Auswirkungen auf die heutige Zeit

GRIN Verlag

KONRAD ZUSE

INHALTSVERZEICHNIS

ABBILDUNGSVERZEICHNIS

1. Einleitung

In den folgenden Ausführungen soll es darum gehen, die Problemstellung und die Struktur der vorliegenden Arbeit darzulegen und zu erläutern.

1.1 Problemstellung und Zielsetzung

Konrad Zuse wird heute fast einstimmig weltweit als Schöpfer des ersten Computers anerkannt. Seine Maschine Z3 gilt als der erste funktionsfähige programmgesteuerte Rechner der Welt und kann mit minimalen Einschränkungen als der Prototyp des heutigen modernen Computers angesehen werden. Konrad Zuse wollte die Menschen von einfacher und komplizierter Rechenarbeit befreien.[1] Durch die Erfindung des Computers veränderte er die Alltagskultur vieler Menschen. Digitale Rechnersysteme zählen zu den Hauptbestandteilen von zahlreicher Geräte wie z.b. von Smartphones, Automaten, Fernsehen, Waschmaschinen usw. Trotzdem zählt der Computer zu den erklärungsbedürftigsten und vielseitigsten Hilfsmitteln, die der Mensch erfunden hat.[2]

In der vorliegenden Arbeit wird das Leben von Konrad Zuse ausführlich beschrieben und die Wichtigkeit seiner Rechenmaschinen für die heutige Zeit näher erläutert.

1.2 Struktur der Arbeit

Die nachfolgenden Ausführungen sind in zwei Abschnitte unterteilt: In Kapitel 2 geht es zunächst darum, das Leben und Wirken von Konrad Zuse zu beschreiben. Dabei werden sein Werdegang und seine Karriere dargelegt (2.1) und die von ihm erbrachten Leistungen charakterisiert (2.2). Abschließend werden die Ehrungen und Auszeichnungen genannt, die Zuse in Würdigung seiner Leistungen als Computerpionier erhalten hat (2.3).

Kapitel 3 befasst sich mit den Auswirkungen von Zuses Erkenntnissen und Erfindungen auf die heutige Zeit. Im Zentrum steht dabei die Frage nach der Bedeutung des Computers in der heutigen Gesellschaft.

Die Arbeit endet mit einer Zusammenfassung der wichtigsten Ergebnisse sowie einem Ausblick auf die vermutliche Entwicklung des Computers in der Zukunft.

---

[1] Vgl. Alex (2000), S. 64.
[2] Vgl. Alex (2007), S. 1.

2. Das Leben von Konrad Zuse

Konrad Zuse, der große Pionier der Informatik, wurde am 22. Juni 1910 in Berlin-Wilmersdorf geboren. [3] Sein Vater, Emil Zuse, war Postbeamter, der in seiner vierzigjährigen dienstlichen Laufbahn keinen einzigen Tag wegen Krankheit gefehlt hatte. [4] Das von seinem Vater vorgelebte Pflichtbewusstsein inspirierte Konrad Zuse und prägte seinen Lebensstil. Seiner Ansicht nach können Erfolge nur durch harte Arbeit erzielt werden. [5] Die Tugenden der Sparsamkeit und des Fleißes erbte er von seiner Mutter, Maria Zuse. Er war das zweite Kind seiner Eltern. Seine zwei Jahre ältere Schwester Liselotte studierte Volkswirtschaft und war nach Meinung von Konrad Zuse ein intelligenter Mensch, der das Pech hatte, in der damaligen Zeit als Frau geboren zu sein. [6]

Häufige Wohnungswechsel sind das Schicksal der preußischen Familie. Konrad Zuse verbrachte nur die ersten beiden Lebensjahre in Berlin. Trotzdem betrachtete er diese Stadt als seine eigentliche Heimat, die bei ihm einen nachhaltigen Eindruck hinterließ. Er war von den Brückenkonstruktionen der Hauptstadt fasziniert und versuchte unentwegt, diese im Wohnzimmer seiner Eltern nachzuzeichnen. [7] Von seinem zweiten Lebensjahr an lebte er in Braunsberg und besuchte dort die Grundschule. Die Kindheit des Konrad Zuse war durch den Ersten Weltkrieg (1914 – 1918) geprägt. [8]

Nach dem Ersten Weltkrieg entfaltete er sein Talent zum künstlerischen Gestalten, Zeichnen und Malen. Der junge Konrad Zuse entwarf eine Stadt der Zukunft, der er den Namen *METROPOLIS* gab. Es war eine Stadt mit 35 Millionen Einwohnern. Die Zeichnung enthielt Hochhäuser, kreuzende Verkehrssysteme und kreisendes Scheinwerferlicht. Das Konzept von Konrad Zuse hatte jedoch einen Fehler: In dieser selbst erstellten Großstadt gab es keine Parkplätze. [9]

Konrad Zuse ist am 18. Dezember 1995 im Alter von 85 Jahren in Hünfeld gestorben. Im Jahr 2000 wurde in Hünfeld im Park des Haselgrundes, in dem Zuse seine täglichen Spaziergänge machte, eine Bronzestatue in Lebensgröße errichtet. [10]

---

[3] Vgl. Petzold (2010), S. 13.
[4] Vgl. Alex (2000), S. 17.
[5] Vgl. Mons (2005), S. 12.
[6] Vgl. Zuse (2010), S. 2.
[7] Vgl. Zuse (2010), S. 2f.
[8] Vgl. Czauderna (1979), S. 10.
[9] Vgl. Genser (2013), S. 23f.
[10] Vgl. Rojas (1998), S. 5.

2.1 Werdegang und Karriere

In den Jahren 1923 – 1928 lebte Konrad Zuse gemeinsam mit seinen Eltern in Hoyerswerda/Oberlausitz und besuchte dort ein modernes Reform-Real-Gymnasium. Der fortschrittliche Geist des Gymnasiums entsprach nicht den Vorstellungen des jungen Konrad Zuse. Sein Kommentar zum schulischen Ablauf der Unterrichtsform: *„Wenn alles schläft und einer spricht...".*[11] Nach der Schulzeit beschäftigte er sich mit seinem ersten eigenen technischen Gerät, dem Stabilbaukasten. Er konnte damit beispielsweise einen Geldwechselautomaten bauen. Dieser Automat konnte größere Münzstücke in das gewünschte Kleingeld umtauschen.[12] Am 12. März 1928 absolvierte er das Abitur als einer der Jüngsten in seiner Klasse.[13]

Konrad Zuse entschied sich nach dem Abitur für ein Studium an der Technischen Hochschule Berlin-Charlottenburg, da ihm seine Eltern davon abgeraten hatten, in der Zeit der Wirtschaftskrise den Beruf des Künstlers zu ergreifen.[14] Zudem war Zuse von großen Maschinen wie Baggern und Kränen fasziniert. Im Jahr 1928 schrieb er sich für den Studiengang Maschinenbau ein und den er aufgrund von Einschränkungen seiner künstlerischen Entfaltungsmöglichkeiten wiederabbrach. Er wechselte zur Architektur; aber auch dieser Studiengang konnte ihn nicht überzeugen. Schließlich studierte er bis 1935 an der Fakultät für Bauingenieurswesen und erhielt sein Diplomexamen an der Technischen Hochschule Berlin-Charlottenburg. Nach dem Studium war er Statiker bei den Henschel-Flugzeugwerken in Berlin-Schönefeld und konnte so weitere Einblicke in die Praxis technischer Rechnungen gewinnen.[15]

Unmittelbar nach dem Abschluss des Studiums zum Bauingenieur beschäftigte sich Konrad Zuse mit der Konstruktion von Rechenmaschinen. In den Jahren 1936 – 1938 wurde die erste noch ganz mechanisch arbeitende Rechenmaschine, die Z1, fertiggestellt.[16]

Am 12. Mai 1941 waren die Konstruktionsarbeiten für die Z3 fertig und konnten vorgestellt werden. Die Z3 ist der erste voll funktionsfähige programmgesteuerte Rechner der Welt. Überdies gründete Konrad Zuse die Firma *Zuse Ingenieurbüro und Apparatebau Berlin*. Er begann sein Unternehmen mit zwei Mitarbeitern und konnte es nach und nach auf 20 Mitarbeiter erweitern.[17]

---

[11] Vgl. Kuyumcu (2010), S.24ff.
[12] Vgl. Alex (2000), S. 18.
[13] Vgl. Füßl (2010), S. 68.
[14] Vgl. Genser (2013), S. 23.
[15] Vgl. Czauderna (1979), S. 12f.
[16] Vgl. Hellige (2004), S. 56.
[17] Vgl. Mons (2005), S. 17f.

Im Jahr 1945 stellte er fest, dass man logische Verknüpfungen über den Aussagenkalkül mit dem des Prädikatenkalküls durchführen kann. Dadurch wurde der Grundstein für die Software geschaffen. Auf dieser Grundlage entwickelte er die erste universelle algorithmische Programmiersprache der Welt mit dem Namen *Plankalkül*. Zuse beabsichtigte, damit schwierige Aufgaben der Ingenieure, etwa aus dem Bauwesen, in Programme zu fassen.[18] Bedingt durch die Nachkriegsverhältnisse in Deutschland wurde der Plankalkül erst 1972 vollständig veröffentlicht.[19] Zudem integrierte er in das Programm ein Schachspiel, das verschiedene Simulationen bieten sollte. Das Programm enthält Konstrukte und Elemente, die in jeder modernen Programmiersprache zu finden sind.[20]

Im Jahr 1949 wurde das Unternehmen *ZUSE KG* gemeinsam von Konrad Zuse, Harro Stucken und Alfred Eckhardt in dem Dorf Neukirchen bei Fulda gegründet. Die *ZUSE KG* ist die erste Computerfirma der Welt.[21] Die Firma begann mit fünf Mitarbeitern und innerhalb eines Jahres stieg die Anzahl der Mitarbeiter auf 40 Personen. In der Firma herrschte ein sehr familiäres Betriebsklima und die Mitarbeiteranzahl wuchs bis Mitte der 60er auf 1.000 Mitarbeiter.[22] Die erste Rechenmaschine der Firma war die Z4 im Jahr 1950. Außerdem wurden die Modelle Z11, Z22, Z23, Z25 und Z31, die mit Röhren- und Transistortechnik ausgestattet waren, erstellt. Ein weiterer Erfolg der *ZUSE KG* war die Entwicklung des automatischen Zeichentisches Z64. Im Jahr 1957 erfolgte der Umzug in die Stadt Hünfeld, da das Gelände dort größer als das alte Firmengelände war.[23]

Im Jahr 1956 schieden Harro Stucken und Alfred Eckhard als Gesellschafter der *ZUSE KG* aus und die Ehefrau von Konrad Zuse wurde Kommanditistin.[24]

Im Jahr 1964 führten finanzielle Probleme zu Veränderungen des Besitzstandes. Aufgrund der Wirtschaftskrise wollten Banken keine Kredite mehr gewähren. Konrad Zuse schied aus der *ZUSE KG* als aktiver Teilhaber aus. Die Firma Brown, Boveri & Cie. AG aus Mannheim übernahm 100% der Kapitalanteile, wobei Konrad Zuse weiterhin als Komplementär tätig war. Schließlich wurde im Jahr 1969 die *ZUSE KG* komplett von der Siemens AG übernommen.[25] Der Grund waren zu hohe Entwicklungskosten, da Konrad Zuse eher ein Erfinder denn ein Geschäftsmann war. Die Fehlentwicklung der Z31 verursachte hohe Kosten, zumal dieses Gerät lediglich sieben Mal verkauft wurde.

---

[18] Vgl. Alex (2007), S. 296.
[19] Vgl. Dorsch (1989), S. 34f.
[20] Vgl. Mußtopf (2005), S. 29.
[21] Vgl. Hellige (2004), S. 42.
[22] Vgl. Mons (2005), S. 20.
[23] Vgl. Genser (2013), S. 25f.
[24] Vgl. Dorsch (1989), S. 20.
[25] Vgl. Zuse (2010), S. 137.

Konrad Zuses Kommentar zu der Z31: *„Die Z31 war für die Firma ZUSE KG eine Verirrung und womöglich eine verpasste Chance, wie man rückblickend sieht."* [26] Am 1. April 1971 wurde der Firmenname ZUSE KG vollständig gelöscht. Von 1949 bis 1968 stellte die ZUSE KG insgesamt 250 Rechner im Wert von ca. 102 Millionen DM her. [27]

Durch den Austritt aus dem Unternehmen war Konrad Zuse ab dem Jahr 1966 wieder frei für die Wissenschaft. Nun wurde er u. a. im Jahr 1966 Honorarprofessor an der Universität Göttingen und im Jahr 1972 wurde der Plankalkül vollständig veröffentlicht. [28]

2.2 Besondere Leistungen

Der Computerpionier Heinz Zemanek definiert den Begriff "Computer" wie folgt:

„Der Computer ist eine programmgesteuerte Rechenmaschine, die (mindestens) alle vier Grundrechenarten ausführen kann, fähig ist, Zwischenwerte zu speichern und wieder aufzufinden, dazu über eine automatische Ein- und Ausgabe verfügt und schließlich alles durch eine Steuereinheit kontrolliert." [29]

Nachdem Zuse sein Studium im Jahre 1935 abgeschlossen hatte, beschäftigte er sich mit den umständlichen Rechenverfahren der Statistik. Diese Auseinandersetzung brachten ihn auf die Idee, eine vollautomatische Rechenmaschine zu entwerfen. [30] Konrad Zuse merkte, dass die Rechnungen stets in gleichen Mustern abliefen. Er überlegte, wie Berechnungen dieser Art auf eine Maschine zu übertragen seien, damit der Mensch von der Lösung solcher Aufgaben befreit wird und mehr Zeit in kreative Problemlösungen investieren kann. Zudem bewunderte er Professoren, die hochkomplizierte Rechnungen im Kopf lösen konnten und bezeichnete sie als *„Halbgötter aus einer anderen Welt".* [31]

Auf die Frage, wieso er die Rechenmaschine erfunden habe, antwortete Konrad Zuse: *„...weil ich zu faul war zum Rechnen."* [32]

---

[26] Vgl. Alex (2000), S. 45f.
[27] Vgl. Bruderer (2012), S. 10.
[28] Vgl. Dorsch (1989), S. 20.
[29] Vgl. Alex (2007), S. 60f.
[30] Vgl. Czauderna (1979), S. 12.
[31] Vgl. Mons (2005), S. 14f.
[32] Vgl. Alex (2000), S. 13.

Im Folgenden werden die wichtigsten Rechenmaschinen von Konrad Zuse näher beschrieben.

Z1:

Abbildung 1: Die Z1 im Deutschen Technikmuseum in Berlin[33]

Konrad Zuse stellte sich Anfang 1934 die Frage, welche mathematischen Probleme eine Rechenmaschine lösen sollte. Zunächst musste er das Wort *„Rechnen"* definieren: *„Rechnen ist die Ableitung von Resultatangaben aus irgendwelchen Angaben nach einer Vorschrift."*[34] 1936 begann er im Wohnzimmer seiner Eltern mit dem Bau eines im dualen Zahlensystem arbeitenden Rechengeräts, das er zunächst *Versuchsmodell 1* nannte, später aber *Zuse 1* bezeichnete.[35] Er erhielt keine finanzielle Förderung durch den Staat. Sein Vater, der in Rente war, ging wieder arbeiten, um seinen Sohn finanziell zu unterstützen. Es entstanden hohe Kosten durch die überschreibbare Speicherung großer Mengen von Zahlen und Befehlen.[36] Schließlich wurde die Z1 im Jahr 1938 fertiggestellt. Sie ist die erste programmgesteuerte Rechenmaschine der Welt, die mit binären Gleitkommazahlen und in Logik arbeitete.[37] Gleitkommazahlen sind gegenüber Festkommazahlen wesentlich höher, aber sie erleichtern die Programmierung.[38]

---

[33] Vgl. http://www.horst-zuse.homepage.t-online.de/_wp_generated/wp33ac1c34_05_06.jpg (Stand: 03.02.2016, 12:43 Uhr)
[34] Vgl. Mußtopf (2005), S. 3.
[35] Vgl. Dorsch (1989), S. 13.
[36] Vgl. Bruderer (2012), S. 2.
[37] Vgl. Genser (2013), S. 27f.
[38] Vgl. Mußtopf (2005), S. 174.

Die Z1 bestand aus Bauteilen wie Blechen, Stiften, Federn oder Schrauben. Es konnten folgende Befehle mit diesem Gerät ausgeführt werden: Addition, Subtraktion, Multiplikation, Division, Wurzelziehen und Dezimal-Dual. Die Maschine hatte einen Speicher von 64 Wörtern mit je 22 Bit.[39] Die Z1 war jedoch nicht praxistauglich und zudem anfällig für Fehler. Sie war durch die handgesägten Bleche nicht voll funktionsfähig.[40]

Der erste ZUSE-Rechenautomat wurde mitsamt den Konstruktionsunterlagen im Jahr 1944 im Zweiten Weltkrieg zerstört. Konrad Zuse beschloss Mitte der achtziger Jahre, die Z1 frei aus dem Gedächtnis nachzubauen. Der Nachbau der Z1 befindet sich heute im Deutschen Technikmuseum in Berlin (Abbildung 1).[41]

Z2:

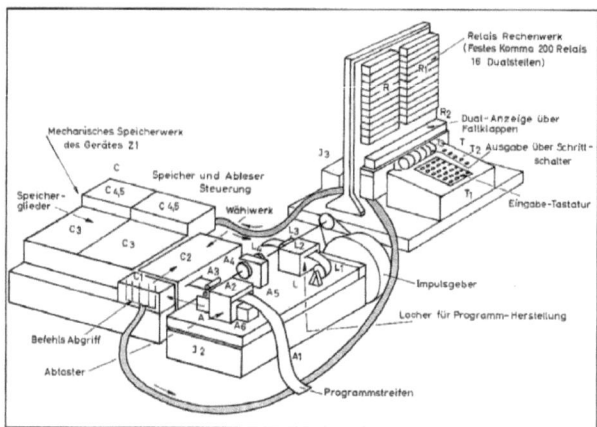

Abbildung 2: Schema der Z2[42]

Unzufrieden mit der Zuverlässigkeit der Bau-Elementen der Z1, entwarf Konrad Zuse als nächstes Versuchsmodell die Z2 (1938-1939). Er verwendete wieder das Prinzip des mechanischen Speichers der Z1. Das Gerät bestand aus 600 gebrauchten Telefonrelais, weil die Materialbeschaffung von neuen Relais aufgrund des Krieges unmöglich war und die gebrauchten Relais kostenlos zur Verfügung gestellt wurden. Die Wortlänge betrug nunmehr 16 Bits und die Speichergröße 64 Worte.

---

[39] Vgl. Czauderna (1979), S. 14f.
[40] Vgl. Rojas (1998), S. 30f.
[41] Vgl. Dorsch (1989), S. 15f.
[42] Vgl. Dorsch (1989), S.16.

Die Eingabe erfolgte in Dezimalzahlen. Auch dieses Gerät wurde im Zweiten Weltkrieg komplett zerstört.[43]

Z3:

Abbildung 3: Der Nachbau der Z3 im Deutschen Museum in München[44]

Die Zuverlässigkeit der Relaistechnik überzeugte Konrad Zuse und er beschloss ein neues Gerät zu entwickeln, die Z3. Das Projekt wurde teilweise durch die Deutsche Versuchsanstalt für Luftfahrt (DVL) finanziert. Mit der Z3 wurden allgemeine Aufgaben und spezielle Probleme für die DVL berechnet. Studenten des Akademischen Verein Motiv halfen ebenfalls beim Bau der Maschine.[45] Die Z3 gilt als der erste funktionsfähige programmgesteuerte Rechner der Welt, der im binären Gleitkommasystem arbeitet. Das binäre Gleitkommasystem arbeitet nur mit den Zahlen 0 und 1. Heute bezeichnet man solche Maschinen als *Computer*. Die Speicherkapazität betrug 64 Worte zu 22 Bit. Die Eingabe erfolge dezimal über eine Tastatur. Die mathematischen Operationen der Z3 sind: die Addition, Subtraktion, Multiplikation, Division und das Quadratwurzelziehen. Die Z3 benötigte für eine Addition 0,7 Sekunden und für eine Multiplikation drei Sekunden. Der wesentliche Unterschied der Z1 zu der Z3 ist, dass die Quadratwurzeloperation in der Z1 gefehlt hatte.[46] Konrad Zuse stellte die Z3 am 12. Mai 1941 den Vertretern der deutschen Versuchsanstalt für Luftfahrt vor.[47]

---

[43] Vgl. Zuse (2010), S. 55f.
[44] Vgl. Zuse (2010), S. 58.
[45] Vgl. Bruderer (2012), S. 2.
[46] Vgl. Genser (2013), S. 31f.
[47] Vgl. Alex (2000), S. 61.

Es existiert nur noch eine Zeichnung vom Originalgerät, da die Z3 im Zweiten Weltkrieg durch Luftangriffe komplett zerstört worden ist. In den Jahren 1960/61 wurde die Z3 von Konrad Zuse nachgebaut, um die Funktionsfähigkeit dieser Maschine zu demonstrieren. Ein Nachbau aus dem Jahre 1966 befindet sich im Deutschen Museum in München (Abbildung 3).[48] Ein weiterer voll funktionsfähiger Nachbau der Z3 ist im Konrad-Zuse-Museum in Hünfeld zu besichtigen.[49]

Vergleicht man den Z3 mit einem modernen Computer von heute, so ergibt sich folgendes Bild: Unter einem digitalen Computer versteht man eine programmgesteuerte Apparatur mit drei funktionalen Einheiten, nämlich dem Speicher, um Programme und Daten abzuspeichern, der Arithmetischen Einheit zur Durchführung von Berechnungen sowie der Kontrolleinheit, um Programme zu interpretieren. Dabei wird ein duales/binäres Zahlensystem verwendet.[50] Diese drei Einheiten sind weltweit erstmals zwischen 1936 und1941 mit der Z1 und Z3 realisiert worden. Der wesentliche Unterschied zu modernen Computern besteht darin, dass diese bis zu 150 Billionen Mal schneller sind als die damalige Z3. Zudem hatte die Z3 noch keinen Sprungbefehl.[51]

Z4:

Abbildung 4: Die Z4 vor der Auslieferung an die ETH Zürich 1950[52]

---

[48] Vgl. Mußtopf (2005), S. 13f.
[49] Vgl. Mons (2005), S. 26.
[50] Vgl. Hellige (2004), S. 48f.
[51] Vgl. Rojas (1998), S. 57.
[52] Vgl. Hellige (2004), S. 175.

Die im Jahre 1944 fertiggestellte Z4 ist eine Erweiterung der Z3. Diese Rechenmaschine war als Prototyp einer Serie gedacht. Doch Konrad Zuses Hoffnungen wurden zunächst durch den Krieg zerstört. Die Ereignisse des Zweiten Weltkriegs führten dazu, dass die Familie Zuse beschloss, aus Berlin wegzugehen. Mit einem der letzten Züge, die Berlin noch verlassen konnten, wurde die Z4 von Berlin ins Allgäu transportiert und in Sicherheit gebracht.[53] Der Rechner Z4 war der erste Computer der *ZUSE KG*. Die ersten Kunden waren vor allem Hochschulprofessoren, Mathematiker und Ingenieure. Die Z4 wurde an die ETH Zürich von 1950-1955 vermietet (Abbildung 4). Mit dem erwirtschafteten Geld konnte Konrad Zuse sein Unternehmen, die *ZUSE KG*, aufbauen.[54] Außerdem war die Z4 im Jahr 1950 die einzige existierende programmgesteuerte Rechenanlage in Europa. Die Maschine bestand aus ca. 2.400 Relais und einem Speicher von 64 Wörtern à 32 Bit.[55]

Z22:

Abbildung 5: Die Z22: Der erste Serien-Röhrenrechner in Deutschland[56]

Die Z22 wurde 1959 fertiggestellt. Insgesamt 49 Exemplare des Rechnertyps konnten verkauft werden. Sie wurden vor allem an Universitäten, Hochschulen und Forschungseinrichtungen eingesetzt. Das Gerät arbeitete im analytischen Code. Die Z22 war der erste Serien-Röhrenrechner in Deutschland. Der Stückpreis betrug zwischen 150.000 und 230.000 DM.[57]

---

[53] Vgl. Alex (2000), S. 81f.
[54] Vgl. Mußtopf (2005), S. 12.
[55] Vgl. Bruderer (2012), S. 6f.
[56] Vgl. Gleyzes (2010), S. 25.
[57] Vgl. Dorsch (1989), S. 20.

Die Speicherkapazität betrug 8.192 Wörter. Die Z4 benötigte für eine Addition 40-70 , für eine Multiplikation 40 Millisekunden. [58] Die Z22 war für die *ZUSE KG* ein geschäftlicher Erfolg. Nahezu jedes Unternehmen, das es sich leisten konnte, arbeitete mit diesem Rechner. Die hohe Flexibilität sowie die Funktion, dass Programme in der Z22 selbst gespeichert werden konnten, sorgten für große Beliebtheit. [59] Zudem konnten die Röhrenrechner etwa tausendfach schneller als Relaisrechner arbeiten. Ein Nachteil des Einsatzes von Röhren war, dass diese nur eine begrenzte Lebensdauer haben und viel Strom verbrauchen. Die Z1 – Z22 werden als *Computer der ersten Generation* bezeichnet. [60]

Z64:

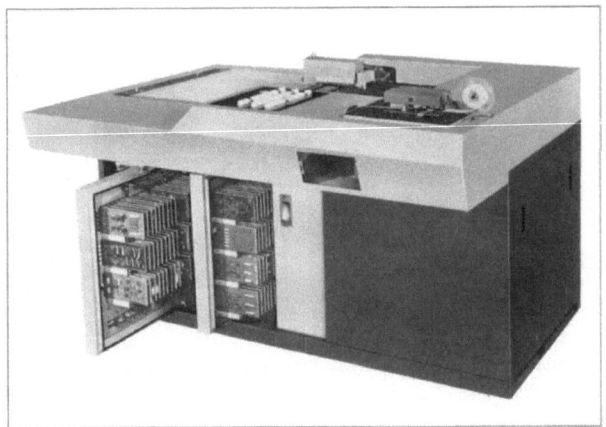

Abbildung 6: Der Graphomat Z64[61]

1956 begann Konrad Zuse mit der Entwicklung des Graphomaten Z64. Im Jahr 1962 wurde das Gerät auf der Hannover-Messe in Transistortechnik vorgestellt. Der Graphomat war ein automatischer Zeichentisch. [62] Er arbeitete, wie Zuses erste Rechenautomaten, weitgehend mechanisch. Die Zeichengenauigkeit lag bei 1/16 mm. Die Z64 konnte technische Zeichnungen mit äußerster Präzision anfertigen und war das einzige Gerät mit einer derart hohen Genauigkeit auf dem Weltmarkt. [63]

---

[58] Vgl. Gleyzes (2010), S. 26.
[59] Vgl. Zuse (2010), S. 23f.
[60] Vgl. Mußtopf (2005), S. 16f.
[61] Vgl. Genser (2013), S. 39.
[62] Vgl. Genser (2013), S. 38.
[63] Vgl. Mußtopf (2005), S. 25f.

Im Rechner wurden die geometrischen Daten gespeichert, der die Werte an den Graphomaten übertrug. Diese Werte wurden dann in eine technische Zeichnung abgewandelt. [64] Der automatischen Zeichentisch Z64 wurde 98 Mal verkauft und kostete ca. 100.000 DM. [65]

2.3. Ehrungen und Auszeichnungen

Seine erste Ehrendoktorwürde erhielt Konrad Zuse im Jahr 1957 von der Technischen Hochschule in Berlin-Charlottenburg. Nur wenig später, nämlich im Jahr 1964, verlieh ihm die Siemens-Stiftung mit dem Werner-von-Siemens-Ring seine erste inländische Ehrung. Es ist die höchste deutsche Auszeichnung für Pionierleistungen auf dem Gebiet des Ingenieurswesens. Die Verleihung des Werner-von-Siemens-Rings empfand Konrad Zuse als seine größte persönliche Auszeichnung. Am 1.12.1965 wurde ihm seine erste ausländische Auszeichnung, der „Harry Good Memorial Award", in Las Vegas zugesprochen. Diese Auszeichnung stellte eine der wichtigsten amerikanischen Auszeichnungen für wissenschaftliche Arbeiten dar. Am 19.10.1969 folgte die Verleihung der Diesel-Medaille in Gold. [66] Kurz vor seinem Tod zeichnete Bundespräsident Roman Herzog ihn mit dem Großen Verdienstkreuz des Verdienstordens der Bundesrepublik Deutschland mit Stern und Schulterband aus. Dieser Orden ist die höchste Auszeichnung, die in Deutschland vergeben werden kann. Bemerkenswert ist, dass zuvor kein Wissenschaftler diese hohe Auszeichnung erhalten hatte. [67]

3. Auswirkungen auf die heutige Zeit

Konrad Zuse hat mit der Erfindung der Z3 die Grundlagen des Computerzeitalters geschaffen und damit das digitale Zeitalter eröffnet. Der Computer wird inzwischen als eine der wichtigsten Erfindungen der Menschheit angesehen. [68] Computer bestimmen – fast überall auf der Welt – den Alltag der Menschen. Die Entdeckung des Computers hat viele weitere Erfindungen ausgelöst und damit den Computer zu einem besonderen Hilfsmittel für die verschiedensten Bereiche der heutigen Gesellschafft gemacht. Er ist aus dem Leben der Gesellschaft nicht mehr wegzudenken:

---

[64] Vgl. Alex (2000), S. 43.
[65] Vgl. Hellige (2004), S. 75.
[66] Vgl. Alex (2000), S. 48f.
[67] Vgl. Mons (2005), S. 24.
[68] Vgl. Genser (2013), S. 26.

Hochkomplizierte Rechnungen werden blitzschnell (und damit Geld sparend) ausgeführt. [69] Flugzeuge fliegen mit Autopiloten und neue Konstruktionen werden mit Hilfe von Computersimulationen getestet. Zudem werden Daten in Sekundenschnelle in alle Welt übermittelt und weiterbearbeitet. Insbesondere in der medizinischen Forschung ist der Computer zu einem wichtigen Analyse- und Diagnosewerkzeug geworden. Die Automatisierung der Industrie und die globale Informationsvielfalt sind erst durch den Computer möglich geworden.[70] Die Computertechnologie hat in der deutschen Wirtschaft einen hohen Stellenwert. Im Jahr 2014 ist der Umsatz der IT-Branche um 1,7 Prozent auf 153,4 Milliarden Euro gestiegen und schaffte 10.0000 neue Arbeitsplätze.[71] Die Entwicklung des Computers begann erst vor etwa 40 Jahren und ist im Vergleich mit anderen Technologien verhältnismäßig jung. Es ist nur schwer vorstellbar, unter welchen Bedingungen damals Rechenanlagen entwickelt und eingesetzt wurden. Diese schnelle Entwicklung ist die Erklärung dafür, dass heute, wenn es um die Verbreitung der Computer-Technologie geht, von einer zweiten *Technischen Revolution* gesprochen wird. Gemeint ist damit das digitale Zeitalter.[72] Der hessische Ministerpräsident Roland Koch schrieb zum 100-Jährigen Jubiläum von Konrad Zuse:

„Die Erfindung des Computers im 20. Jahrhundert hat die Welt geprägt. Es ist nicht zu weit gegriffen, vergleicht man die Bedeutung der elektronischen Datenverarbeitung mit der industriellen Revolution des 19. Jahrhunderts. Beide Entwicklungen veränderten die Welt und das Leben der Menschen nachhaltig."[73]

4. Schlussbetrachtung

Die Schlussbetrachtung umfasst die Zusammenfassung und den Ausblick.

4.1 Zusammenfassung

Im Rahmen der vorliegenden Arbeit wurden das Leben und Wirken von Konrad Zuse dargestellt. Dabei wurden chronologisch der Werdegang und die Karriere ausführlich beschrieben. Die Bedeutung der von ihm erfundenen Rechenmaschinen wurde erläutert und es wurde dargelegt, mit welchen Ehrungen er für seine Leistungen ausgezeichnet wurde.

---

[69] Vgl. Peters (2000), S. 147f.
[70] Vgl. Dorsch (1989), S. 9.
[71] Vgl. http://www.sueddeutsche.de/news/wirtschaft/computer-it-branche-rechnet-2014-mit-wachstum-in-deutschland-dpa.urn-newsml-dpa-com-20090101-140309-99-02450 (Stand: 04.02.2016, 16:43 Uhr)
[72] Vgl. Czauderna (1979), S. 9.
[73] Vgl. Flessner (2010), S. 4.

Zusammenfassend lässt sich festhalten, dass der Computer als eine der bedeutsamsten Erfindungen in der Menschheitsgeschichte betrachtet werden kann. Die Erfindungen von Konrad Zuse erschufen, wie man heute weiß, das digitale Zeitalter.

Offiziell jedoch gibt es keinen Erfinder des Computers. Nach einem Patentantrag von Konrad Zuse beschloss das Bundespatengericht am 14.07.1967:

„Die Beschwerde ist zulässig, konnte jedoch keinen Erfolg haben. Die Neuheit und Fortschrittlichkeit des mit dem Hauptantrag beanspruchten Gegenstandes sind nicht zweifelhaft. Indessen kann auf ihn Mangels Erfindungshöhe kein Patent erteilt werden."[74] Trotz dieses Urteils wird Konrad Zuse heute weltweit als Erfinder des Computers anerkannt. Im Rahmen der Weltmathematiker-Konferenz 1998 in Paderborn stellte die Mehrheit der Experten fest, dass Konrad Zuse an der Erfindung des Computers maßgeblich beteiligt gewesen sei.[75]

4.2 Ausblick

Für die Zukunft stellt sich die Frage, ob der Computer schon voll ausgereift ist und seine Möglichkeiten ausgeschöpft sind. Auf eine entsprechende Frage von Karl-Heinz Czauderna, die sich auf die Zukunft des Computers bezog, antwortet Konrad Zuse:

„Der von Ihnen gewünschte Blick in die Zukunft des Computers ist auch für mich schwierig. Eine gewissenhafte Studie würde eine sorgfältige Ausarbeitung erfordern."

Heute kann man sagen, dass der Computer noch nicht das Ende seiner Entwicklungsmöglichkeiten erreicht hat. Allerdings es ist schwierig zu sagen, welche Entwicklungen der Computer in Zukunft nehmen wird.[76]

Konrad Zuse war nach eigenem Bekunden nicht in der Lage, die zukünftige Entwicklung des Computers zu prognostizieren. Doch er war weitblickend genug, bereits vor 60 Jahren ein Problem vorauszuahnen, nämlich der Umstand, dass der Computer sich mehr und mehr "verselbständigt" und schließlich womöglich nicht mehr vom Menschen kontrolliert wird, sondern ihn kontrolliert. Zuses Rat für eine solche Situation klingt ebenso nüchtern wie einleuchtend:

„Wenn die Computer zu mächtig werden, dann zieht den Stecker aus der Steckdose."[77]

---

[74] Vgl. Rojas (1998), S. 11.
[75] Vgl. Mußtopf (2005), S. 2f.
[76] Vgl. Czauderna (1979), S. 100.
[77] http://www.horst-zuse.homepage.t-online.de/kz-bio.html (Stand: 04.02.2016, 18:23 Uhr)

LITERATURVERZEICHNIS

Literatur:

Alex, Jürgen [u.a.]   Konrad Zuse: der Vater des Computers, Fulda
                                 2000.

Alex, Jürgen   Zur Entstehung des Computers: von Alfred
                                 Tarski zu Konrad Zuse; zum Einfluß
                                 elementarer Sätze der mathematischen Logik
                                 bei Alfred Tarski auf die Entstehung der drei
                                 Computerkonzepte des Konrad Zuse,
                                 Düsseldorf 2007.

Bruderer, Herbert   Konrad Zuse und die Schweiz: Wer hat den
                                 Computer erfunden?, München 2012.

Czauderna, Karl-Heinz   Konrad Zuse, der Weg zu seinem Computer
                                 Z3, München/Wien 1979.

Dorsch, Hadwig   Der 1. Computer: Konrad Zuses Z 1 - Berlin
                                 1936; Beginn und Entwicklung einer
                                 technischen Revolution, Berlin 1989.

Flessner, Hermann   Zum 100. Geburtstag des Computerpioniers
                                 Konrad Zuse, Hünfeld 2010.

Füßl, Wilhelm   100 Jahre Konrad Zuse: Einblicke in den
                                 Nachlass, Die Jugend von Konrad Zuse, S. 68-
                                 73, Ausstellungskatalog des Deutschen
                                 Museums, München 2010.

Genser, Friedrich

Die Vergangenheit der Zukunft: Hommage an Konrad Zuse; eine Bildgeschichte zur Erfindung des Computers und den nachfolgenden Weiterentwicklungen in Deutschland, Balje/Düsseldorf 2013.

Gleyzes, Marilyn

100 Jahre Konrad Zuse: Einblicke in den Nachlass, Rechenmaschinen von Konrad Zuse im Deutschen Museum, S. 22-29, Ausstellungskatalog des Deutschen Museums, München 2010.

Hellige, Hans Dieter

Geschichten der Informatik: Visionen, Paradigmen, Leitmotive, Berlin/Heidelberg 2004.

Kuyumcu, Michael

Konrad Zuse: Roman eines Lebens, Hamburg 2010.

Mons, Wilhelm/Vollmar, Roland/ Zuse, Horst

Konrad Zuse, Berlin 2005.

Mußtopf, Günter

Als die Computer laufen lernten: ein amüsanter Rückblick, Hamburg 2005.

Peters, Arno

Was ist und wie verwirklicht sich Computer-Sozialismus: Gespräche mit Konrad Zuse, Berlin 2000.

Petzold, Hartmut

100 Jahre Konrad Zuse: Einblicke in den Nachlass, Konrad Zuse – ein Computerpionier, S. 12-21, Ausstellungskatalog des Deutschen Museums, München 2010.

Rojas, Raúl   Die Rechenmaschinen von Konrad Zuse, Berlin [u.a.] 1998.

Zuse, Konrad   Der Computer - Mein Lebenswerk, 5. Auflage, Heidelberg [u.a.] 2010.

Internet:

o.V.: IT-Branche rechnet 2014 mit Wachstum in Deutschland. Auf: Homepage der Süddeutschen Zeitung, in: http://www.sueddeutsche.de/news/wirtschaft/computer-it-branche-rechnet-2014-mit-wachstum-in-deutschland-dpa.urn-newsml-dpa-com-20090101-140309-99-02450, 04.02.2016, 16:43 Uhr.

Zuse, Horst: Konrad Zuse Biographie. Auf: Homepage von Horst Zuse, in: http://www.horst-zuse.homepage.t-online.de/_wp_generated/wp33ac1c34_05_06.jpg, 03.02.2016, 12:43 Uhr.

Zuse, Horst: Konrad Zuse Biographie. Auf: Homepage von Horst Zuse, in: http://www.horst-zuse.homepage.t-online.de/kz-bio.html, 04.02.2016, 18:23 Uhr.